LA

PATRIE EN DANGER

LA PATRIE EN DANGER

LIBERTÉ — ÉGALITÉ — FRATERNITÉ

PARIS

LIBRAIRIE GÉNÉRALE

72, BOULEVARD HAUSSMANN ET RUE DU HAVRE, 72

1870

LA

PATRIE EN DANGER

France, chère et malheureuse patrie, tes souffrances sont grandes, le sang de tes enfants coule à flots; mais ne détourne pas les yeux, le sang de ton peuple est généreux : il féconde l'avenir, il élargit déjà ton horizon; tes mains puissantes vont ressaisir tes destinées : au-dessus de la guerre des rois, comme un géant immense, surgit la liberté.

Courage, citoyens; avec ce guide, une carrière nouvelle s'ouvre devant vous. Se maintenir dans le chemin de la liberté est un devoir viril et austère; car ce chemin est nettement tracé. La liberté n'a pas de caprices et ne porte point de masque. La liberté est une vierge immaculée, qui ne souffre jamais violence, qui repousse tout amour jaloux et qui, ne tenant nul compte des bonnes intentions, n'admet qu'un culte sévère et fraternel.

Dans ce culte à rendre, ne vous fiez pas à l'improvisation : l'improvisation n'est permise qu'à ceux que le travail a préparés. Tout enfantement est un travail et tout travail doit compter avec le temps ; mais le temps marche, et si nous voulons écouter les enseignements du passé, au lieu de nous en séparer par la vaine apothéose d'un présent, qui n'aurait dans ce passé ni père ni mère, nous verrons que notre histoire porte, dans ses flancs obscurs et douloureux, la lumière qui doit éclairer notre marche en avant.

Ouvrons les yeux à cette lumière : elle échauffera nos cœurs ; elle nous rendra indomptables dans le combat, et, demain, nous rendra prêts pour la Constituante.

Combattons avec une âme inspirée, et qu'au sein de la tempête, à l'éclair des canons, nous sentions tous vibrer en nous le génie de la France trop longtemps engourdi.

Comprenons ce génie, et il nous couvrira de sa protection tutélaire. Par lui réunis dans une même foi, dans un même enthousiasme, dans une même idée, nous aurons conscience de nos propres forces, et nous propagerons cette idée dont la chaleur embrasera même ces masses immobiles de l'Europe, témoin impassible de nos convulsions actuelles.

Il ne suffit pas de décréter l'idée : il faut la respecter, la servir avec amour, l'alimenter de ses actes, la renfermer dans son sein comme en un sanctuaire : alors, l'idée c'est la puissance ; la matière c'est l'inertie ; l'idée c'est le mouvement, et l'idée supérieure c'est la victoire pour qui la possède.

A nous l'idée supérieure et généreuse : à nous le culte de la liberté. Les masses qui nous attaquent sont conduites par l'orgueil et l'intérêt d'un seul. Ces phalanges sont le droit de la force brutale possédée par une dynastie. Elles sont l'insurrection contre la liberté des peuples. Que la France soit la liberté, le droit de chacun dans l'harmonie de tous. Que la France soit la force du droit combattant le droit de la force. Alors la France se révélera comme le centre des États-Unis de l'Europe libre.

Mon désir, citoyens, est de constater la splendeur de l'idée française. Ces lignes sont un appel au cœur et à l'intelligence. Cet appel est la vibration d'une conviction. Cette conviction a la clarté de l'œil qui regarde et qui voit.

Cette étude est grave. Elle emprunte aux circonstances une imposante grandeur. Paris est en ce moment l'inconnu que contemple le monde attentif. Cet inconnu, c'est la mort ou la vie, l'autorité ou la liberté, suivant que vous renfermerez en vous le doute qui tue ou l'enthousiasme de la croyance pleine de séve.

Pour croire en l'avenir, il faut connaître le présent, qui n'est lui-même que la synthèse du passé. Croire n'est que la logique de savoir. Croire est l'horizon de notre science; il n'en est pas la négation. Lorsque croire est une négation, son vrai nom est alors superstition.

Or, quelle est l'énigme du présent?

Partageons notre sujet et considérons :

1° Le présent dans la lutte matérielle;
2° Le présent dans la lutte morale.

I

Examinons donc le présent de notre lutte et voyons quelle foi doit s'en dégager.

Nous avons été conduits au combat par une ineptie qui ressemble à de la trahison. En Belgique, où les hommes constatent les faits, comme témoins, sans esprit de parti, ces hommes jugent que l'Empereur s'est conduit comme un allié tacite du Roi de Prusse : alliance du pouvoir contre la liberté qui se réveillait, vengeance d'un autocrate qui sentait son trône miné par l'opinion, ressource dernière d'un banqueroutier frauduleux qui ne pouvait plus cacher ses détournements financiers. Le gouvernement français a déclaré la guerre ; mais c'est la Prusse armée et prête à l'invasion qui s'est fait déclarer cette guerre. La supériorité de la Prusse en hommes organisés sous les drapeaux et en artillerie avaient été l'objet de diverses communications au gouvernement de l'Empereur, et cependant cé gouvernement affirmait au peuple qu'il était prêt, et le peuple, qui sentait instinctivement une menace dans la Prusse, acceptait l'occasion de s'en délivrer.

La guerre éclata. Les gros bataillons eurent raison de nos faibles ressources, divisées en huit corps d'armée sans unité. Malgré la bravoure de nos soldats, ceux-ci succombèrent. Ils n'auraient pas redouté le nombre ; mais leur bravoure devenait impuissante contre une artillerie formidable.

Les Prussiens avaient compris toute l'importance des machines de guerre. Chez eux, l'infanterie devient l'accessoire ; le premier rôle appartient au canon. La cavalerie précède, éclaire, renseigne et ne laisse rien à l'inconnu dans la marche de l'armée qui suit. Celle-ci, cependant, se glisse dans l'ombre, se cache dans les bois, installe ses batteries, et assurée de cette protection suprême, le soldat se lance au carnage. C'est fauve, mais, jusque-là, aucun droit n'est outragé.

L'armée est sortie de la nuit et des broussailles, elle s'est montrée au jour et s'est repue de carnage, protégée par la mitraille de ses canons. Alors, au nom de la force, elle pose en principe, en loi militaire, que la distinction entre citoyen et soldat, qui n'existe pas chez elle, doit être maintenue chez nous. Cette loi signifie, Français ; que devant le despotisme militaire, une nation étant une masse esclave, vous n'avez que le droit d'obéir ; qu'il est permis à vos maîtres de vous requérir pour toutes corvées, de piller vos biens, de violer vos femmes et vos filles, de vous maltraiter, de tuer vos frères, et que vous, vous n'avez pas le droit de vous fâcher. Si vous en aviez l'insolence, vous souffririez tous ces maux par l'ordre exprès des chefs. Telle est la loi prussienne. Par décret royal, vous ne devez avoir ni honneur, ni sentiment, ni sang dans les veines. Vous êtes un vil bétail : l'honneur de la patrie ne vous regarde pas. Vous êtes faits pour souffrir. Si vous souffrez, si vous acceptez tout de vos maîtres, eh bien ! vous n'aurez fait que votre devoir. Vous avez entendu : pas de murmures ; c'est la loi. Elle est naturelle : les Prussiens n'emportent ni tentes pour s'abriter, ni vivres pour se nourrir. Comment pourraient-ils faire si vous vous souleviez tous, si vous aviez la prétention d'être intéressés dans la question, si vous faisiez un vide et un désert autour de l'ennemi, et si, de plus, vous alliez vous faire soldats de la sainte cause. Cette loi est donc une loi de guerre importante.

Au nom de cette loi, que l'armée prussienne déclare

violée dès qu'elle trouve une résistance à sa brutalité ou à son âpre convoitise, elle se jette sur les populations désarmées. Alors s'étalent au jour toutes les atrocités barbares. Des témoins oculaires, dans leurs relations publiées, mentionnent le vol, le viol, le pillage, le meurtre, l'incendie, la dévastation.

C'est pour affirmer cette loi, qu'à Bazeilles, les Prussiens mettent le feu au village et qu'ils rejettent dans les flammes ceux qui tentent de s'enfuir, même les enfants, les femmes, les vieillards.

Lorsqu'ils n'ont pas cette loi à invoquer, leur conduite à l'égard de la population civile reste la même. A Joinville-en-Vallage, surpris par des soldats, ils saisissent des jeunes filles et des enfants pour s'en faire un rempart. Lorsqu'ils attaquent une ville, ils s'efforcent d'abord, comme à Strasbourg, à Bitche, à Toul..., de détruire les habitations particulières, les monuments civils. Ils négligent les ouvrages de guerre et jettent le pétrole enflammé sur les maisons qu'ils incendient. Devant les canons des remparts, ils font travailler à leurs tranchées des paysans français derrière lesquels ils s'abritent. Dès le commencement de la guerre, ils se sont couverts de leurs ambulances, et ces Prussiens, qui ont signé la convention de Genève, n'y voient qu'une occasion de ruses à leur profit. Ils y trouvent tout avantage. Ils se servent des moyens que nous nous croyons interdits.

Ils aiment, avant tout, à se sentir protégés d'autre chose que de leur courage : de là les déguisements, l'espionnage, la longue étude du terrain et des circonstances. Dans cette étude et cet espionnage, ils puisent un sentiment de sécurité qui ressemble à de l'audace et qui disparaît devant le moindre imprévu.

Lorsque l'armée prussienne avance, elle choisit ses éclaireurs parmi les hommes qui ont habité les localités qu'elle traverse. Ces éclaireurs connaissent le pays, les habitants, leurs dispositions morales, leurs ressources, leur fortune. Le pillage organisé sous le nom de réquisitions militaires est conduit avec précision. Tous ces gens sont des barbares avides qui viennent faire en France une affaire commerciale. Ils travaillent à l'abri du canon l'affaire qu'ils ont étudiée depuis longtemps. Ils savent qu'il faut de l'ordre dans une maison de commerce; ils obéissent à leurs chefs et par là conservent la discipline qui les fait ressembler à des soldats. Mais ce généreux dévouement qui est l'âme du soldat, cette sublime résignation de l'homme qui se dévoue et dont la lutte est franchise, ils ne l'ont pas.

Les Prussiens se sont déguisés sous des uniformes français pour approcher sans péril. Ils ont imité la sonnerie de nos clairons pour déloger nos troupes retranchées dans de fortes positions. En maintes circonstances, des soldats prussiens sont fait signe qu'ils se rendaient prisonnniers pour assassiner à l'aise.

Ce fond de lâcheté est cruel : cela s'enchaîne. Aussi un correspondant du *Daily-Telegraph*, faisant observer qu'il a vu bien des atrocités en Turquie, dans l'Asie-Mineure, dans la Perse, et qu'il a subi les traitements barbares des Seiks dont il a été le prisonnier dans l'Inde, constate n'avoir jamais rien vu de plus froidement cruel que les traitements infligés par les Prussiens aux prisonniers français de Sedan.

Que dire du souverain qui, invoquant Dieu, la justice et les grands principes, et déclarant hautement ne pas faire la guerre à la France, mais à l'Empereur, continue, après l'avoir vaincu, la guerre contre la nation française. Il installe son prisonnier dans un palais magnifique, l'entoure de valets pour le servir, rassemble autour de lui le luxe et le bien-être, tandis que son armée, semant sa route de ruines et de cadavres, s'avance contre la nation qu'il avait déclaré ne pas vouloir combattre. La foi prussienne est-elle donc synonyme de foi punique?

Infamie! ces cruautés, ces ruses sans grandeur, ces mensonges, ces petitesses, ces lâchetés, tout ces actes de barbarie font bondir le cœur. Honte et confusion de l'esprit humain qui glorifiait le XIXᵉ siècle.

Enfin, c'est peut-être un progrès. Nous avions l'idolâtrie funeste de la gloire militaire; les Prussiens en ont fait un vomitif.

Napoléon est vaincu. Il capitule à Sedan avec 85,000 hommes qui auraient dû se replier vers Paris ; mais l'Empereur avait intérêt à être près de la frontière et non près de la capitale. Il a passé cette frontière. Le voilà prisonnier, et nous, nous avons perdu une armée, mais nous avons gagné la chute de l'Empire et l'avénement de la vérité.

Maintenant, nous, Français, devant nos affections, notre honneur, notre patrie dont nous sommes les protecteurs, faisons face à l'ennemi, qui nous apporte la honte, la ruine et le deuil. Combattons cette invasion sans droit, puisque l'objet de la déclaration de guerre de notre ennemi est atteint. L'Empereur est prisonnier du roi de Prusse. Le roi de Prusse a-t-il renouvelé sa déclaration de guerre à la nation française? Il ne l'a pas fait. Les Prussiens sont donc chez nous hors la loi. Sus donc aux Prussiens: gens d'armes et francs-tireurs, paysans, bourgeois, citadins, tous au combat, citoyens ; la levée en masse est décrétée par les circonstances. Ces barbares sans scrupules ne respectent rien. Il nous faut vaincre, mourir ou subir la honte. Notre parti étant pris, le cœur reste chaud et la tête devient froide. C'est ainsi que doit être le guerrier, défenseur de la patrie. Pas d'illusions, mais ayons la résolution de l'homme qui a fait un pacte avec la mort.

Pendant que Paris retient les brigands, faisons-leur cette guerre de partisans, de chouans, de guérillas, de francs-tireurs, qui annule l'artillerie et les éclaireurs, ces deux forces de l'ennemi.

Faisons-lui cette guerre pour laquelle il n'est pas besoin d'être soldat et pour laquelle toute arme est bonne.

Faisons-lui cette guerre qui coupe les communications, détruit les convois, tue les sentinelles avancées et les éclaireurs, isole une armée, l'affame, la tient sur pied, la fatigue, la livre à la maladie, à la mort, à la destruction.

Faisons cette guerre toute-puissante contre un ennemi qui campe en plein air et vit sur le sol qu'il occupe.

Faisons-lui cette guerre qu'ont pu soutenir la Bretagne et la Vendée, malgré la faiblesse inhérente aux guerres civiles; cette guerre victorieuse en Espagne, contre Napoléon Ier; cette guerre victorieuse au Mexique, contre Napoléon III; cette guerre, qui est la force indomptable d'un peuple qui se lève et ne veut pas courber la tête sous le joug de l'étranger; cette guerre pour laquelle nous sommes deux millions contre six cent mille.

Animés de cet esprit, tous réunis dans une même foi, vous serez victorieux, Français, si vous en êtes persuadés.

Qu'avons-nous besoin d'écouter les murmures lointains des cabinets diplomatiques. Regardez les femmes et les enfants dont vous êtes les défenseurs; écoutez votre honneur, votre fierté, votre indignation; il ne s'agit pas de traiter avec l'ennemi, mais de le chasser.

Sommes-nous des hommes ou des lâches, et vos femmes n'auront-elles pour tout salut qu'à se jeter dans les bras des Prussiens en murmurant que les Français sont des lâches!

Prouvons le contraire, réunissons-nous en un seul effort autour du Gouvernement de la défense nationale. C'est lui qui tient le drapeau de notre honneur. Ne pas se serrer autour de ce drapeau, serait un acte de félonie.

Le Gouvernement, à son tour, doit rendre cette félonie impossible par la virilité de son action dans la défense nationale et par son implacable sévérité, envers les traîtres de l'intérieur et ceux de l'extérieur. Les premiers sont les lâches qui sèment le découragement, les fauteurs de désordres et les déserteurs de la défense nationale ; les seconds sont les espions de l'ennemi. Il serait moral que le public sût à chaque instant que ces criminels sont jugés sans délais et que le jugement rendu contre eux est exécuté sur-le-champ.

Caveant consules ! Il faut que; pendant la guerre, la dictature militaire, responsable de la victoire jusqu'à la mort, absorbe toutes forces pour les tourner contre l'ennemi.

Par nécessité de salut public, un gouvernement de défense nationale est dictature. Son devoir est donc de dominer la situation par l'emploi des mesures les plus énergiques. Devant lui doivent s'effacer les lenteurs et les formules bureaucratiques. Son action ne peut être entravée par les comités spéciaux immobilisés dans la routine. Ces comités pourraient être rajeunis par élimination d'une partie de leurs membres et par l'adjonction de savants et d'hommes intelligents sans spécialité. Dans les circonstances présentes, le Gouvernement doit créer une nombreuse artillerie de mitrailleuses et de canons se chargeant par la culasse. Il doit, autant que possible, trouver dans la défense une occasion de travail pour les ouvriers sans ouvrage, augmenter la solde des gardes nationaux actuellement privés de ressources, et pour tous, trouver des armes. Le Gouvernement ne doit être ni entrepreneur, ni industriel, ni commerçant ; il doit, avant tout, faire appel à l'initiative individuelle et privée, toujours plus intelligente que le monopole. Il doit en obtenir tous les moyens possibles de défense, nous mettre à l'abri d'un coup de main, donner une sérieuse attention aux points encore faibles, parer même à l'éventualité de la prise d'un fort et rechercher toutes possibilités de destruction. Il est de plus nécessaire d'occuper constamment les troupes sous les armes, de les aguerrir par de fréquentes sorties, de reprendre partout l'offensive, et, par là, de jeter l'imprévu sur les dispositions de l'ennemi. Quoique le Gouvernement ne doive actuellement compter que sur Paris, il doit cependant, par mesure de moralité publique, décréter la levée en masse. Sûr de son action, plein de confiance dans le succès, il ne peut permettre aucun désaccord, aucune faiblesse, pas même un doute; ce serait autant de crimes qu'il devrait punir avec rigueur. Sa foi dans l'avenir doit être telle, qu'aucune satisfaction ne doit être donnée à la faiblesse, pas même celle du séjour d'une partie de Gouvernement en dehors de Paris. Paris au cœur de la France, séparé du monde par une armée de quatre cent mille hommes est une honte qui doit cesser. Les premières communications rétablies doivent assurer la rentrée des services ministériels actuellement loin du centre. Paris doit vaincre, et de tous les points de la France, l'armée nationale de la levée en masse, convergeant vers la grande ville assiégée, écrasera contre ses murs ce qui restera d'ennemis encore debouts.

Ayons foi dans le succès de notre défense.

Puis, au-dessus de notre foi de défenseurs de la patrie, élevons-nous à une puissance supérieure en nous sentant les apôtres de la liberté des nations contre l'autorité personnelle des rois. Cette mission sera le prix de notre énergie victorieuse.

Nous avons à montrer au monde que la liberté est une organisation;

Qu'au-dessus de l'arbitraire royal se trouve la liberté nationale;

Qu'au-dessus des États qui luttent, il y a la fédération qui embrasse ;

Qu'au-dessus de la force, il y a l'amour.

Cette vérité forme l'objet du paragraphe suivant.

II

Le problème social, comme assise première, permettant un développement indéfini de progrès ultérieurs, n'est pas compliqué.

Ce problème est à la portée de tous, des illettrés comme des savants. Pour en voir la solution, il suffit de vouloir regarder sans esprit de parti, et de repousser avant tout les inventeurs de systèmes autoritaires et les sauveurs de société.

La Révolution française a été grande par son immense énergie à repousser du sol de la patrie l'étranger en armes, et parce qu'elle a résumé toutes les aspirations des sociétés en trois mots sublimes :

Liberté, égalité, fraternité.

Quelle force, quelle splendeur dans ces trois mots à leur aurore brillante au début de la Révolution. Ces mots possédaient une expansion plus terrible que celle de la poudre et ont été pour la France l'âme de toutes ces victoires contre l'Europe coalisée.

Comment s'est-il fait que cet élan se soit arrêté? Par quelles transitions la vérité radieuse s'est-elle changée en une vaine illusion qui grimace comme un masque railleur à l'enthousiasme du peuple? A quel moment eut donc lieu cet escamotage ou ce meurtre de la liberté? Il importe de le savoir.

Or, c'est au moment même où sa naissance fut proclamée que disparut la liberté. Elle fut méconnue par ces hommes énergiques qui saluaient son aurore et qui étaient les apôtres de l'avenir. Les prodiges qu'elle enfanta dans la suite ne furent que les rayons qu'elle laissa derrière elle en passant. Malgré l'intention, c'était semer l'empire autoritaire que de qualifier de liberté des actes de dictature, peut-être nécessaires, mais dont le caractère essentiellement transitoire ne devait pas se cacher sous le masque de la liberté. Poursuivre cette centralisation, but continuel de l'ancienne royauté, c'était, malgré la prétention de la combattre, en suivre les errements. Cette contradiction faisait de la liberté un vide sonore, et la liberté qui est réalité disparut en naissant. Les hommes de la Révolution voulaient le triomphe de la liberté, mais leurs actes étant des actes d'autorité, de réglementation, de prévention et de centralisation, ils préparaient par ces actes l'avénement de Napoléon Ier, dont l'administration centralisée engendrait à son tour Napoléon III; et si, aujourd'hui, le présent n'ouvrant pas les yeux à la vérité, veut imposer un système autoritaire, nous pourrons prédire l'avénement d'un Napoléon IV quelconque.

Ne tombons pas dans cette erreur et ne faisons pas de la liberté un déguisement couvrant des actes de despotisme. Les meilleures intentions n'empêcheraient pas le fruit funeste de germer.

N'ayons pas la prétention de faire le bonheur de chacun, de penser pour tous, d'agir pour tous, de prévenir et de protéger pour tous. C'est très-généreux; mais c'est funeste. L'État n'a qu'une seule chose à protéger, c'est la liberté.

Que voulons-nous, chacun? si ce n'est précisément faire nous-mêmes notre bonheur, à notre manière, sans pression.

Pour cela, il faut respecter ce besoin chez les autres.

Si vous croyez pouvoir mieux faire, réunissez-vous au

nom de la liberté, et prouvez par l'exemple. Si la pratique répond à la théorie, chacun vous imitera.

Mais la pression n'arrive qu'à produire des martyrs; n'oubliez pas qu'en imposant l'autorité, vous vous préparez infailliblement à la subir.

Que ceux qui ont charge d'âmes n'oublient pas qu'en dépit des bonnes intentions l'acte seul a sa signification en puissance génératrice, et que toujours il sème ses conséquences logiques d'une nature semblable à lui-même.

Éclairés par la connaissance de cette loi, nous comprendrons notre histoire.

Nous comprendrons :

Comment à la suite de la première confusion, toutes nos constitutions reconnurent la liberté et firent acte de centralisation autoritaire ;

Comment, dans cette voie de centralisation, le principe d'égalité est devenu un lit de Procuste qui servit aux gouvernants à niveler les gouvernés à la hauteur de la plus inepte médiocrité; comment ils asservissaient ainsi toutes les individualités et les pulvérisaient sous le poids de ce monstre de centralisation qu'on nomme l'État ;

Nous comprendrons encore comment, dans cette confusion, la fraternité, voulant se liguer sous l'impulsion de sentiments généreux, se pervertit au contact de la confusion générale et servit d'enseigne à l'antagonisme des classes;

Nous comprendrons de plus comment, du milieu de cette confusion, la discorde surgissait en bouffées qu'exploitait le pouvoir en les affichant comme désordre né de l'esprit de liberté et comment cet esprit devenait ainsi synonyme d'excès révolutionnaire ;

Nous comprendrons, enfin, comment nous sommes ainsi tombés dans un gouffre effrayant de confusion intellectuelle et morale, et comment l'opinion publique a été faussée au point de ne plus vibrer à ce grand mot de liberté qui, loin de résumer aujourd'hui tout amour, est devenu pour beaucoup une source de terreurs.

Élevés au pouvoir par cette terreur, les despotes se donnaient à eux-mêmes les titres de restaurateurs de l'ordre, sauveurs du peuple.

Telle a été la cause de toutes nos révolutions stériles et de nos convulsions depuis quatre-vingts ans.

Or, sachez-le, la liberté ne saurait être anarchique. Elle ne peut être qu'à la condition d'être *égale* pour tous et *fraternellement* respectée par tous. La liberté est un concert d'actions mesurées par son antinomie, qui est le despotisme ; elle a pour attribut l'égalité et la fraternité. La liberté ne peut avoir d'excès, sous peine de ne plus exister.

Ce langage étonnera certainement ceux qui ne sont pas habitués à la lumière ; mais, je vous le dis en vérité, la liberté, par cela seul qu'elle existe, est harmonie, ordre et organisation.

Tout excès, tout désordre est le résultat d'une tentative criminelle contre la liberté. Lorsque la liberté produit un mal, c'est qu'elle est, entre les mains d'un individu ou d'un parti, un prétexte d'exploitation égoïste, une étiquette couvrant un mensonge.

Notre devoir, à nous hommes d'aujourd'hui, est d'incarner tellement ce principe à la France par la décentralisation, qu'un Napoléon devienne, dans notre société nouvelle, un phénomène impossible.

Il faut aujourd'hui que le pouvoir central ne porte plus une main sacrilége sur ce qui ne lui appartient pas. Qu'il laisse à l'individu ce qui est à l'individu ; à la famille, à la commune, au canton, au département, ce qui est essentiel à chacune de ces unités hiérarchiques.

Ainsi nous serons libres. Nous mettrons l'État dans l'impossibilité d'abuser. L'État ne pourra plus nous tromper et nous écraser dans la paix pour nous livrer à l'ennemi pendant la guerre. Nous tracerons ainsi autour de l'État des limites d'ordre général qu'il ne pourra franchir.

Le rôle de l'État ne doit pas être un rôle de tutelle et de prévention. Nous ne sommes pas des mineurs, et, le fussions-nous, que nous ne pouvons devenir réellement majeurs que par l'expérience que nous gagnerons à nos dépens. Ces fautes de jeunesse sont du domaine de notre liberté, et ces fautes valent mieux que ce sarcasme outrageant du couronnement de l'édifice aboutissant à l'ignominie. Cruel enseignement! du reste, c'est logique : partir du crime pour aboutir à la honte, c'est la loi. Tel a été le trajet de l'homme auquel la France avait remis ses destinées.

Et nous, aujourd'hui, après cet exemple, nous nous exposerions à être encore ainsi traités?

Assez de ce régime!

Après la victoire sur l'ennemi commun, saisissons-nous de nos droits. Installons chez nous la liberté, sans nous laisser égarer par les illusions dont on nous a trop longtemps bercés.

Sachons que la liberté n'a pas son siége dans un pouvoir central dont on change le titre et qui, toujours, reste le pouvoir ; mais qu'elle ne peut être réalité qu'à la condition de restreindre ce pouvoir en lui imposant la reconnaissance et le respect des droits inhérents à l'individu, à la famille, à la commune. Il faut obliger le pouvoir, par la force même de cette organisation de liberté, à la faire respecter dans toute sa hiérarchie. De là naîtra, pour le pouvoir, cette nouvelle mission d'être la sanction de la liberté hiérarchisée.

Ne prenons pas le change par la poursuite d'une autre conquête. Toute conquête est renfermée dans celle de la liberté. Elle est un but et en même temps un moyen.

N'ayons qu'un cri de ralliement : la liberté

Au jour de la Constituante, donnons à nos délégués ce mandat impératif : décentraliser et fixer la liberté dans l'individu, dans la famille, dans la commune.

La liberté individuelle sera fixée par la liberté personnelle, sous la sauvegarde d'un code pénal répressif et non préventif, et par les droits de réunion, d'association et de publication. Tout le Code civil pourrait être remplacé par un seul article reconnaissant la loi des parties librement consentantes, ne liant que ces parties et faisant loi et autorité à leur égard. A défaut de sens moral, le Code pénal fera savoir que tout acte coupable est un attentat contre la liberté ; car cette loi sublime suffit à la répression comme à l'organisation.

Nous aurons là tout de suite le principe de toute force capable d'obtenir la solution des problèmes spéciaux non résolus encore.

Au second degré, la liberté de famille sera fixée par l'inviolabilité du domicile, l'adoption confondue avec la naissance, et la liberté de tester.

Au troisième degré, la liberté de la commune sera fixée par le suffrage universel des citoyens d'une commune nommant leur municipalité. Cette municipalité présidera à l'organisation de la milice communale, pépinière de la force armée remise aux mains de l'État. Elle aura aussi la direction de la police communale. Dans la commune, la liberté de conscience sera assurée par la séparation de l'Église et de l'État. Les croyants d'une Église auront à pourvoir eux-mêmes aux besoins du culte auquel ils adhèrent.

Pour compléter cette organisation, il faut que la magistrature tout entière soit nommée par la Nation, ou par ses délégués de la commune, du canton et du département ; que toute juridiction spéciale au profit des fonctionnaires du gouvernement soit abolie ; que tout fonctionnaire soit passible des tribunaux ordinaires et puisse être mis en accusation.

Tel est l'essentiel. Le pouvoir grandira ainsi normalement jusqu'à l'État qui en sera la synthèse et qui, par cette organisation, gagnera en solidité ce qu'il perdra en étendue. Jusqu'à lui, la hiérarchie pourrait se continuer, soit en chargeant les municipalités élues de ce soin, soit en continuant l'intervention de tous par le suffrage universel. Dans le premier cas, les municipalités élues, étant les mandataires de la Nation, pourraient, en se réunissant en canton, nommer une commission cantonale. Celles-ci, en se réunissant par département, devraient alors pourvoir à la Commission départementale. A partir de la commune, le mode d'établissement des groupes supérieurs peut sans danger être mis en jeu de diverses manières, soit directement par la Nation, soit indirectement par ses délégués. Mais, dans tous les cas, pour asseoir le pouvoir central, le suffrage universel doit intervenir. En plus, il serait bon que, pour nommer les Membres du Corps législatif, non-seulement le suffrage universel intervînt aussi, mais encore, que les minorités fractionnées puissent se réunir en nombre suffisant à nommer les représentants de leurs opinions.

Au milieu de tous ces soins, il ne faudrait cependant pas oublier que l'essentiel indispensable, c'est d'être libre et indépendant de l'État ou Pouvoir central et de nous posséder ainsi, en nous-mêmes, dans nos libres affinités sociales, dans notre famille et dans la commune.

Et comme il est, avant tout, indispensable de faire connaître aux hommes, dès leur enfance, que toute loi naturelle est indépendante de l'arbitraire humain ; qu'il faut s'y soumettre, sous peine d'être victime ; qu'il en est ainsi de la liberté, base d'organisation normale des sociétés que cette organisation normale est opposée à l'ordre factice ;

par l'*autorité* arbitraire de l'homme, cette obligation de savoir doit se formuler par L'INSTRUCTION OBLIGATOIRE.

Ceci étant acquis, nous sommes maîtres de nos destinées. Les ambitieux, les utopistes inventeurs de systèmes autoritaires et les sauveurs de société ne sont plus à craindre. Les opinions politiques mêmes n'auront pas plus de portée malfaisante que les opinions religieuses. Elles sont désarmées par la liberté civile, comme celles-ci par la liberté des cultes. Chacun pouvant encenser son Dieu, ne nuira à personne et ne sera contrarié par personne. A l'abri de ces droits, la société sera apte à tous progrès ultérieurs; elle pourra, sans trouble, en étudier les circonstances avec toute la maturité et toute la sécurité d'un avenir qu'elle saura lui appartenir. Les hommes seront jugés suivant leurs propres engagements. Tout crime étant violence sera un crime de lèse-liberté; l'homme ou le groupe, placé à la tête de l'État, y sera d'autant plus fortement assis, qu'il ne pourra abuser de sa position; l'ère des agitations stériles sera terminée, Peuple et Gouvernement vivront en paix fraternelle, et la société française libre, toute puissante et toujours armée, sans avoir le fardeau, les vices et les défauts d'une armée permanente, ne se servira de sa puissance que pour garantir la liberté et les droits de chacun de ses membres.

Alors, au-dessus de la France, s'élèvera une Puissance que la France respectueuse nourrira de tous ses efforts; car, fière de ces conquêtes, elle sera fière surtout d'être membre de la Fédération des États de l'Europe libre.

C. DES CANTONS.

Paris, ce 20 septembre 1870

IMPRIMERIE CENTRALE DES CHEMINS DE FER. — A. CHAIX ET C⁰, RUE BERGÈRE, 20, A PARIS — 13831-0